La sagesse selon Confucius

Copyright © Confucius, 2022

Édition : BoD – Books on Demand, info@bod.fr
Impression : BoD – Books on Demand, In de Tarpen 42, Norderstedt (Allemagne)
Impression à la demande
ISBN : 978-2-3224-2022-3
Dépot légal : mai 2022 Tous droits réservés

Biographie

Confucius naquit en 551 avant notre ère, à Tsou, dans l'actuelle province du Shandong.

Aucune information concernant ses parents n'existe plus aujourd'hui.

Ce grand sage vit le jour au sein d'une famille aristocratique désargentée.

Le tir à l'arc et la musique faisaient partie de ses occupations favorites.

Jeune, Confucius voulait être connu et soulager la misère du monde.

Ses idées pratiques et philosophiques allaient à l'encontre du milieu politique de son temps.

Kong-Fou-Tseu, de son nom chinois, devint un philosophe et un maître incontesté.

Il fut, à l'époque où il professait, l'un des hommes les plus éduqués de Chine.

L'enseignement de sa sagesse fut l'aboutissement de toute sa vie.

Ses premiers disciples formèrent ce que l'on appelle l'école confucéenne.

Confucius formait ses élèves à la littérature, l'histoire, la philosophie et la politique.

L'année de ses 53 ans, on lui offrit un poste qu'il refusa au gouvernement de la ville de Pi.

En compagnie de plusieurs disciples, il visita et séjourna dans différents états chinois.

Lors de ce voyage, il faillit mourir assassiné dans l'état de Sung.

Confucius subit la perte douloureuse de son fils et de certains de ses amis.

Le sage Kong-Fou-Tseu mourut en 479 avant notre ère.

Cet ouvrage réunit des citations de Confucius classées par grands thèmes.

La morale

La perfection morale présuppose la grande lumière de l'intelligence.

Les richesses agrémentent et rehaussent une maison, la vertu agrémente et rehausse la personne.

Une seule famille généreuse et humaine suffira pour faire naître dans la nation ces mêmes vertus.

Voir un homme bon et talentueux et ne pas le distinguer, le distinguer et ne pas le traiter avec tout le respect qu'il mérite, c'est lui faire injure.

L'homme d'une vertu supérieure persévère invariablement dans le milieu.

On considère le bien comme si on ne pouvait l'atteindre ; on considère le vice comme si on touchait à de l'eau bouillante.

Dès qu'il avait acquis une vertu, il la retenait de toutes ses forces, la cultivait en son sein et jamais ne la perdait.

Ne jamais s'autoriser un mouvement ou une action contraire aux règles prescrites : voilà la façon de régler son comportement.

Louer les personnes qui ont de belles qualités et de beaux talents, plaindre celles qui en manquent, voilà comme il faut recevoir les étrangers.

Tous les actes vertueux, tous les devoirs arrêtés d'avance, sont en cela nécessairement réalisés.

Les hommes vulgaires qui vivent seuls et loin du monde commettent des actions pleines de vice.

L'homme d'honneur est libre de toute crainte et de toute inquiétude.

Revenir chaque jour au bien […] rapproche de la nature primitive de l'homme sous l'effet de l'amour de la vertu et de la haine du vice.

Un homme qui n'a pas réformé ses inclinations injustes n'est pas capable de mettre de l'ordre dans sa famille.

Voir un homme pervers et ne pas le rejeter ; le rejeter et ne pas le repousser au loin, est un acte condamnable.

L'homme vulgaire ou dénué de principes est en opposition constante avec le milieu immuable.

La perfection morale issue de la grande lumière de l'intelligence s'appelle instruction ou sainteté acquise.

Seuls les hommes souverainement parfaits peuvent être capables d'éradiquer les derniers vestiges du vice dans le cœur des hommes.

Se corriger soi-même de toutes passions vicieuses consiste dans l'obligation de donner de la droiture à son âme.

La loi du devoir est en elle-même loi du devoir.

La règle du devoir consiste à associer le perfectionnement extérieur au perfectionnement intérieur.

Oh ! Que la loi du devoir du saint homme est grande ! Elle est un océan sans rivages, elle produit et maintient tous les êtres ; elle touche au ciel par son élévation.

L'homme sans vertu et ignorant, aimant ne se servir que de son jugement, […] doit s'attendre à subir de grands malheurs.

Un homme pleinement vertueux s'applique à mettre en pratique tout ce qui attire le respect, et permet en cela une bonne harmonie entre tous les États.

L'homme qui se consacre à l'étude du vrai et du bien, qui s'applique sans cesse et avec persévérance à ce but, n'éprouve-t-il pas une immense satisfaction ?

Est tout près du savoir moral celui qui aime étudier ou exercer sa pensée à la recherche de la loi du devoir.

N'est-ce pas le caractère de l'homme extrêmement vertueux que d'être oublié ou méconnu des hommes et de ne pas s'en exaspérer ?

Des expressions enjolivées et fleuries et une apparence recherchée et maniérée vont rarement de paire avec une vertu sincère.

Le pouvoir

Celui qui gouverne doit prendre soin que les vivres ne manquent pas, que les forces militaires suffisent, et que le peuple lui donne sa confiance.

Il est impossible pour un homme incapable d'instruire sa propre famille d'instruire les hommes.

Un seul homme, le prince, par son avarice et sa cupidité, suffira pour causer le désordre au sein d'une nation.

Le prince doit lui-même s'adonner à la pratique des vertus, et ensuite engager son peuple à les pratiquer.

Si vous respectez les convenances entre frères de différents âges, vous pourrez instruire de leurs devoirs mutuels les frères aînés et les frères cadets d'autres royaumes.

Le prince possède la règle et la mesure de toutes actions.

Un prince doit en priorité veiller sur ses principes moraux et rationnels.

Il n'y a dans l'univers que l'homme saint qui, par sa haute sagesse et sa faculté de comprendre parfaitement les lois primitives des êtres vivants, soit digne de posséder l'autorité suprême et de commander aux hommes.

Si un prince ne pense qu'à amasser des richesses, alors le peuple, par mimétisme, s'abandonnera aussi aux passions les moins avouables.

Un prince qui se prend d'affection pour l'objet de la haine générale, et qui hait ceux qui sont aimés de tous, outre la nature même de l'homme.

Les souverains possèdent en eux une implacable règle de conduite qu'ils se doivent de respecter.

Dès l'instant que le prince aimera et traitera le peuple comme un fils, aussitôt le peuple traitera le prince comme un père.

Lorsque le peuple apprécie la justice, les affaires du prince ne peuvent connaître qu'une fin heureuse.

Les seules richesses des gouvernants doivent être la justice et l'équité.

Dès l'instant que le prince aura progressé sur le chemin des vertus, aussitôt les devoirs universels de son peuple seront accomplis.

Si un supérieur ne peut accorder sa confiance aux hommes moins élevés hiérarchiquement, alors le peuple ne peut être bien administré.

D'heureux présages annoncent l'élévation des dynasties, aussi sûrement que de mauvais présages annoncent leur chute.

Gouverner son pays avec intelligence et vertu, c'est être telle l'étoile polaire qui jamais ne se meut tandis que toutes les autres étoiles évoluent autour d'elle en la prenant pour leur guide.

Les lois des temps anciens, quoiqu'excellentes, n'ont plus une autorité suffisante, parce que la distance temporelle ne permet plus d'établir convenablement leur authenticité.

La loi du devoir d'un prince sage, dans la création des lois fondamentales, a son origine en lui-même.

Le prince sage n'aura qu'à agir, et durant des siècles ses actions seront la loi de l'empire.

Si le prince est dépositaire du cœur des hommes, il possédera aussi leur territoire.

Les chars de l'empire actuel suivent les mêmes traces que ceux de jadis.

Si le prince gouverne le peuple selon les principes de la vertu, et qu'on le maintient dans l'ordre par les seules lois de la politesse sociale, alors le peuple éprouvera de la honte d'une action coupable et avancera sur le chemin de la vertu.

Egalement disponible et téléchargeable dans votre magasin :

Philosophie : les 30 plus grands concepts expliqués

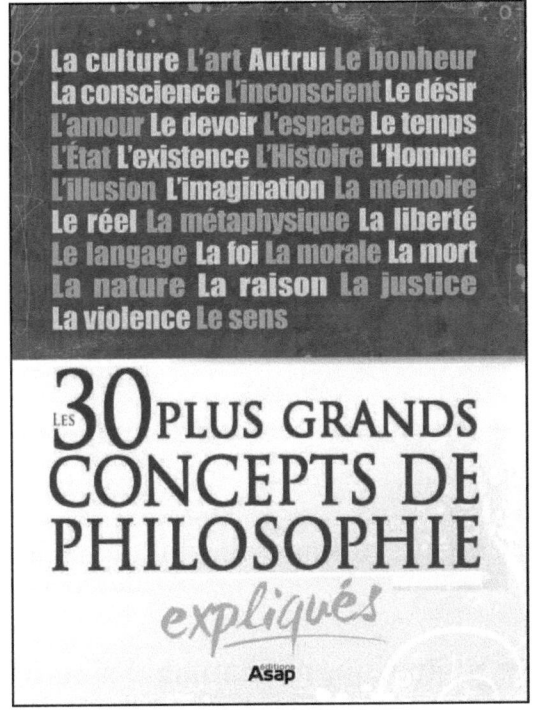

L'humanité

Se maîtriser et retrouver les rites de la courtoisie, c'est cela le sens de l'humanité.

Ne pas laisser les calomnies s'imprégner, ni ne laisser les accusations meurtrir, c'est la lucidité de l'homme sage.

Si l'homme supérieur abandonne les vertus des hommes, comment pourrait-il prétendre avoir atteint la sagesse absolue ?

Ce que vous réprouvez chez vos supérieurs, ne l'infligez pas envers ceux qui vous sont inférieurs.

Seul l'homme juste et vertueux sera capable d'aimer et haïr convenablement les hommes.

L'homme qui fait preuve d'humanité et de charité acquiert de la considération.

L'homme qui n'est ni humain, ni charitable s'enrichit aux dépens de sa considération.

Celui qui s'efforce de pratiquer ses devoirs se rapproche de ce dévouement au bonheur des hommes que l'on nomme « humanité ».

L'homme qui a atteint la perfection ne peut s'arrêter, il doit également s'attacher à perfectionner les autres êtres.

Les enfants [...] se doivent d'être attentifs dans leurs actions, sincères et vrais dans leurs mots envers tous les hommes, hommes qu'ils doivent aimer de toute la force et l'étendue de leur affection.

Celui qui craint et respecte comme le dictent les lois de la politesse fait s'éloigner honte et déshonneur.

Il ne faut pas s'affliger de l'ignorance des hommes envers nous-même, mais de notre propre ignorance de ces mêmes hommes.

Seuls les pères et les mères s'offusquent de la maladie de leurs enfants.

Observer attentivement les actions d'un homme, apprenez quels sont ses penchants ; apprenez ce qui le réjouit.

Appropriez-vous totalement ce que vous venez d'apprendre, et ne cessez jamais d'apprendre ; vous pourrez alors devenir un instituteur des hommes.

L'homme sage est doté d'une bienveillance égale pour tous et est ignorant de l'égoïsme et de la partialité.

L'homme vulgaire est celui qui ne connaît que l'égoïsme et est incapable de bienveillance envers autrui.

Être homme et refuser les vertus de l'humanité, comment serait-ce se conformer aux rites ?

En tant que rites, une économie stricte est préférable à l'extravagance : en tant que cérémonies funèbres, une douleur silencieuse est préférable à une pompe vaine et stérile.

Les vertus de l'humanité, tout comme la bienveillance, est admirable dans les campagnes.

Ceux dépourvus d'humanité ne peuvent se maintenir longtemps vertueux dans la pauvreté, mais ne peuvent non plus se maintenir vertueux dans l'abondance et les plaisirs.

Ceux qui sont pleins d'humanité aiment à trouver le repos dans les vertus, et ceux qui ne possèdent que la science trouvent leur profit dans l'humanité.

Seul l'homme saint est capable d'aimer véritablement les hommes, tout comme de les haïr d'une manière convenable.

Si nos attentions sont toujours portées par les vertus de l'humanité, on ne commettra jamais d'actions vicieuses.

Je n'ai pas encore vu un homme aimer convenablement un sage, alors que ce dernier nourrit une haine convenable envers les hommes vicieux et pervers.

Celui qui aime véritablement les hommes pleins d'humanité ne met rien au-dessus d'eux.

Celui qui ne supporte les hommes sans humanité pratique les vertus, il ne permet pas que des hommes sans humanité s'approchent de lui.

La sagesse

Il n'y a rien que le saint ne pousse jusqu'au dernier retranchement de la perfection.

La haute lumière de l'intelligence induit la perfection morale.

Le sage se doit de rendre ses intentions pures et sincères.

Les connaissances éloignées du sage, c'est-à-dire les empires et les hommes, lui viennent des échos qui lui parviennent et de sa propre interprétation.

Se retirer du monde, n'être ni vu ni connu des hommes, et n'en éprouver aucune peine, tout cela n'est possible qu'au sage.

Rien n'est plus évident pour le saint que les secrets cachés dans sa conscience.

Tout homme qui dit : « Je sais distinguer les motivations derrière chaque action humaine » présume trop de son savoir.

Que la force d'âme du sage qui connaît la paix des hommes et est étranger aux passions est bien plus forte et bien plus grande !

L'archer peut, d'une certaine façon, être comparé au sage : s'il s'écarte du but qu'il vise, il entre en lui-même pour en trouver la cause.

L'homme supérieur veille avec précaution sur ses aspirations les plus secrètes de sa conscience.

Dès l'instant où le prince aura révéré les sages, aussitôt ses doutes s'envoleront sur les principes du vrai et du faux, du bien et du mal.

Si on détermine d'avance les paroles que l'on doit prononcer, alors on n'éprouvera aucune hésitation au moment de les prononcer.

Celui qui avance avec constance sur le chemin de la perfection est le sage qui sait distinguer le bien du mal, et choisit de s'attacher au bien pour ne jamais le perdre.

Le sage doit énormément étudier pour assimiler tout ce qui est bien ; il doit se questionner avec discernement pour chercher à s'éclairer dans tout ce qui est bien.

Savoir que l'on sait ce que l'on sait, et savoir que l'on ne sait pas ce que l'on ne connaît pas : voilà la véritable science.

C'est avec fermeture et constance que le sage doit pratiquer le bien.

S'il y a des personnes qui ne se questionnent pas pour s'éclairer des choses douteuses, ou qu'elles ignorent, ou si en interrogeant les hommes instruits elles ne peuvent devenir plus instruites, qu'elles ne se découragent pas.

Oh, quelle splendeur ! Que ses actions et ses mérites sont sublimes ! Et que les monuments témoignant de sa sagesse sont admirables !

Le sage prête une oreille toute particulière à ses intentions et ses pensées secrètes.

La haute lumière de l'intelligence qui puise sa source dans la perfection morale, ou de la vérité sans mélange, s'appelle vertu naturelle ou sainteté primitive.

L'homme parfait ressemble aux intelligences surnaturelles.

Celui qui toujours persévère, tout ignorant qu'il soit, deviendra nécessairement éclairé.

Le sage développe au plus haut degré ses hautes et pures facultés intellectuelles, et il se fait alors une loi de suivre les principes de la droite raison.

Le saint se conforme et suit les lois déjà reconnues et pratiquées anciennement de la nature vertueuse de l'homme, et il cherche toujours à en connaître de nouvelles.

Le sage s'attache avec conviction à tout ce qui est honnête et juste, afin de réunir en lui la stricte pratique des rites, qui sont l'expression de la loi des cieux.

S'il revêt la dignité souveraine, le sage n'est point empli d'un vain orgueil ; s'il se trouve dans l'une des conditions inférieures, il ne se révolte point.

L'homme sage attire en permanence le respect, alors même qu'il a disparu de la société ; il est encore vrai et sincère, alors même qu'il garde le silence.

Le sage, sans présomption, pousse les hommes à pratiquer la vertu.

La droiture

Le principe qui nous conforme dans nos actions avec rationalité s'appelle règle de conduite morale ou droite voie.

Qu'il est déplorable que la droite voie ne soit pas suivie !

La droite voie n'est pas respectée, j'en connais la cause : les hommes instruits la dépassent, les ignorants ne l'atteignent jamais.

Que la force d'âme de celui qui se tient sans dévier se tient dans la droite voie, éloigné des extrêmes, est bien plus forte et bien plus grande !

Ne faire que la moitié du chemin, pour défaillir ensuite, est une action que je ne voudrais pas imiter.

La droite voie ou la règle de conduite qui doit être suivie ne peut être éloignée de l'humanité.

Si les hommes établissent une règle de conduite non conforme aux vertus de l'humanité, alors celle-ci ne doit pas être considérée comme étant une règle de conduite.

La droite voie n'est pas un chemin évident pour tous, je le sais : les hommes de forte vertu vont au-delà, ceux d'une faible vertu ne l'atteignent pas.

La règle de conduite morale qui dirige les actions est irrévocable, on ne saurait s'en écarter d'un seul point, ou d'un seul instant.

S'intéresser uniquement à ses gains et aux profits que génèrent ses actions amènera beaucoup d'amertume.

La droite voie est d'un usage si étendu qu'elle peut s'appliquer à toutes les actions des hommes, mais elle est d'une nature si subtile qu'elle n'est pas manifeste pour tous.

Si l'on a déterminé d'avance qu'un devoir est tel une loi, alors jamais on ne faillira.

C'est une fois son but fixé que l'esprit atteint l'état de détermination.

Pendant les trois années qui suivent la mort de son père, si le fils respecte son code de conduite, on peut le qualifier de piété filiale.

L'homme supérieur porte attention à ses devoirs et vigilance à ses paroles, il aime fréquenter ceux qui ont de droits principes, afin de régler sur eux sa conduite.

Un homme doté ni de sincérité, ni de fidélité est un être incompréhensible à mes yeux. […] Comment peut-il avancer sur le chemin de la vie ?

Si on observe une chose juste sans la pratiquer, on fait preuve de lâcheté.

En tirant sur une cible, le but n'est pas de la dépasser, mais de l'atteindre ; tout réside dans la mesure ; c'étaient là la règle des Anciens.

La richesse et l'honneur sont les objets du désir des hommes ; s'il est impossible de les acquérir par des voies honnêtes, il faut alors y renoncer.

La pauvreté et une position vile entraînent la haine et le mépris des hommes ; si on ne peut en sortir par des voies honnêtes, il faut y rester.

L'homme supérieur, à chacun de ses pas sur le chemin de la vie, est exempt de préjugés et d'obstination ; il ne suit que la justice.

Celui qui enseigne ne doit le faire que selon les droites règles.

Si la personne qui commande aux autres gouverne avec droiture et équité, il n'aura pas besoin d'ordonner le bien pour qu'on le pratique.

Réfléchissez longuement, ne vous lassez jamais de faire le bien et avancez avec droiture.

Egalement disponible et téléchargeable dans votre magasin :

Initiation au Qi Gong - La gym énergétique chinoise

L'âme

L'âme est sereine et calme, elle considère donc attentivement la nature des choses, et est sûre de parvenir à son but de perfection.

Avant que l'âme ait expérimenté avec excès la joie, la satisfaction, la colère, et la tristesse, l'état dans lequel elle se trouvait se nommait milieu.

Si on a déterminé d'avance sa conduite morale dans la vie, la peine de l'âme nous sera étrangère.

Si l'âme est troublée par la passion de la colère, alors elle ne s'ouvrira point à la droiture ; si l'âme est livrée à la crainte, alors elle ne s'ouvrira point à cette droiture.

L'âme n'étant point maîtresse d'elle-même, on regarde sans voir, on écoute sans entendre, on mange sans goût.

Que la force d'âme de celui qui, lorsque sa contrée sans lois manque d'une bonne administration, reste fidèle à la vertu jusqu'à la mort, est bien plus forte et bien plus grande !

Si vous possédez grandeur et générosité d'âme, alors vous gagnerez le cœur du peuple.

Se corriger soi-même de toutes les passions vicieuses consiste dans l'obligation de donner de la droiture à son âme.

Manquer constamment des choses nécessaires à la vie, et cependant toujours conserver une âme juste et vertueuse, cela n'est possible qu'à l'homme dont l'intelligence cultivée s'est élevée au-dessus du vulgaire.

Si l'âme est accablée par la douleur, alors elle ne s'ouvrira pas à la droiture ; si l'âme s'abandonne aux passions de la joie et du plaisir, alors elle ne peut s'ouvrir à la droiture.

Lorsque le ciel veut conférer une grande magistrature, ou une grande mission, aux hommes d'élite, il commence toujours par éprouver leur âme et leur intelligence dans l'amertume des jours difficiles.

Si les actions ne satisfont pas l'âme, alors elle a soif et faim.

Il n'y a dans l'univers que l'homme souverainement saint [...] qui, de par son âme élevée, ferme, imperturbable et constante, soit capable de faire régner l'équité et la justice.

L'âme ne doit jamais oublier son devoir, ni en précipiter l'accomplissement.

Celui qui se tient toujours dans la droiture et ne demande jamais rien aux hommes ; alors son âme reste sereine et en paix.

Lorsque les intentions deviennent pures et sincères, l'âme se pénètre de probité et de droiture ; l'âme ainsi baignée induit la personne à se corriger et à s'améliorer.

Y a-t-il des moyens ou des principes pour ne pas ébranler l'âme ?

Cette intelligence que tous nous possédons, et qui est générée par l'âme, est la maîtresse de l'esprit vital.

L'homme supérieur connaît la stabilité et la tranquillité d'âme. L'homme vulgaire est sans cesse plongé dans le trouble et l'inquiétude.

L'âge de l'égalité de l'âme est l'âge de la raison où on a pris l'ascendant sur ses passions et ses penchants.

Son âme, après avoir perdu sa beauté, peut-elle être encore qualifiée de belle ?.

Où réside l'âme ? Dans l'humanité. Quelle est sa voie ? L'équité.

Ceux qui ont l'âme élevée forment de grandes conceptions ; ceux qui s'adonnent à la pratique du bien s'abstiennent de commettre le mal.

Celui qui est conscient de sa faiblesse dans la pratique de ses devoirs est bien proche de la force d'âme nécessaire à leur accomplissement.

La perfection

Lorsque l'harmonie atteint son apogée dans sa perfection, le ciel et la terre sont dans un état de sérénité parfaite, et tous les êtres reçoivent leur complet développement.

Que les facultés subtiles du ciel et de la terre sont vastes et profondes !

La perfection, la vérité, dégagée de tous compromis, est la loi du ciel.

Le perfectionnement, qui consiste à employer tous ses efforts pour découvrir la loi du ciel, le vrai principe du mandat céleste, est la loi de l'homme.

Les hommes souverainement parfaits […] par leur capacité à aider le ciel et la terre dans la transformation et l'enrichissement des êtres, peuvent être considérés comme un troisième pouvoir entre le ciel et la terre.

Le parfait est par essence la perfection, l'absolu.

Le parfait est le début et la fin de tous les êtres ; sans la perfection, les êtres ne seraient pas.

Les hommes souverainement parfaits, par la grandeur et la profondeur de leur vertu, ne font qu'un avec la terre.

Ce n'est qu'une fois que l'homme aura atteint la perfection qu'il pourra accomplir sa propre loi.

Les hommes souverainement parfaits […], par l'étendue et la durée de leur vertu, ne font qu'un avec le temps et l'espace infini.

La puissance du ciel et de la terre peut être exprimée en un seul mot ; son action dans l'un et l'autre n'est pour autant pas double : c'est la perfection.

La vertu de l'homme souverainement parfait [...] est grande et resplendissante : c'est ainsi que sa lumière éclaire les autres êtres.

La raison d'être ou la loi du ciel et de la terre est vaste et profonde ! Elle est sublime ! Elle est resplendissante ! Elle est immense ! Elle est éternelle !

L'homme supérieur n'est pas un vain outil employé aux usages vulgaires.

Les facultés de l'homme souverainement parfait sont si puissantes, qu'il peut prévoir les choses encore à naître.

Ce sont les hommes parfaits, les saints, qui devront constituer les instructeurs des autres hommes.

C'est en approfondissant les principes des actions que les connaissances morales parviennent à l'apogée de leur perfection.

Les hommes souverainement parfaits [...], par la hauteur et l'éclat de leur vertu, ne font qu'un avec le ciel.

Comprendre les causes et les effets, les principes et les conséquences, c'est s'approcher de très près la méthode rationnelle avec laquelle on parvient à la perfection.

Ce n'est pas tout d'être souverainement saint pour gouverner les peuples, il faut encore être souverainement parfait.

Il n'est donné à personne, pas même aux hommes saints, d'atteindre l'apogée de cette règle de conduite morale ; il reste quelque chose qu'on ne peut pratiquer

L'homme souverainement parfait ne cesse de pratiquer le bien et de travailler au perfectionnement des autres hommes.

La vertu de l'homme souverainement saint ne peut être assimilée que par l'homme souverainement parfait.

Un tel homme souverainement parfait porte en lui le principe de ses actions.

La famille

Si l'on n'atteint pas la perfection, on ne remplit pas complètement ses devoirs d'obéissance envers ses parents.

Entre un père et son fils, il ne convient pas d'user de corrections pour faire le bien.

Ce devoir d'exhorter à la vertu est de mise entre égaux et amis, l'exhortation à la vertu entre père et fils altérera leur amitié.

Parce qu'il s'est rendu coupable envers son père, le fils n'a pu demeurer près de lui.

Le sentiment du père et de la mère pour leurs enfants, tous les hommes le possèdent en eux.

Durant le vivant de votre père, observez avec soin sa volonté ; après sa mort, ayez toujours le regard tourné vers ses actions.

Tant que votre père et votre mère sont parmi vous, ne vous éloignez pas d'eux.

Lorsque vous vous acquittez de vos devoirs envers votre père et votre mère, ne faites que très peu d'observations.

Il y a un moyen sûr pour juger de sa fidélité envers ses amis : si dans les devoirs que l'on rend à ses père et mère on ne leur procure pas de joie, on ne sera point fidèle envers ses amis.

L'âge de votre père et de votre mère ne doit pas vous indifférer, il doit faire naître en vous tantôt de la joie, tantôt de la crainte.

L'homme supérieur ne doit pas être parcimonieux dans les devoirs qu'il rend à ses parents.

Qu'il ait du talent ou qu'il en soit dépourvu, chaque père reconnaît toujours son fils pour son fils.

Lorsque l'on perd ses père et mère, on doit porter l'expression de la douleur à ses dernières limites ; et s'arrêter là.

Le père cache les fautes de son père, le père cache les fautes de son fils. Cette conduite est empreinte de droiture et de sincérité.

On n'a jamais vu, de mémoire d'hommes, que des fils et des frères aient été conduits à attaquer leurs père et mère.

Les devoirs que l'on doit à ses parents forment la fondation de tous les autres devoirs.

Comme fils, il plaçait son but dans l'exercice de la piété filiale, comme père, il plaçait son but dans la tendresse paternelle.

Jamais celui qui possède la vertu de l'humanité n'abandonnera ses parents.

Les hommes ne peuvent que se réjouir d'avoir un père et un frère aîné dotés de sagesse et de vertus.

Chez vous, faites votre devoir envers vos père, mère
et frères.

Je n'ai jamais entendu dire que ceux qui se perdent sur le chemin de la perdition peuvent servir leurs parents.

On ne peut pas faire d'un père un fils.

Dès l'instant qu'un jeune homme est né, ses père et mère désirent pour lui une épouse, dès l'instant qu'une jeune fille est née, ses père et mère désirent pour elle un époux.

Faire périr son père ou son prince, ce ne serait pas suivre sa volonté.

L'humanité, c'est l'homme lui-même ; l'amitié pour ses parents en est le premier devoir.

Si chacun aime ses père et mère comme il se doit de les aimer, et respecte ses aînés comme il se doit de les respecter, l'empire sera dans l'union et l'harmonie.

Celui qui n'est pas soumis à ses parents, n'est ni sincère ni fidèle envers ses amis.

Le bonheur

Quand les frères vivent dans l'union et l'harmonie, la joie et le bonheur s'épanouissent parmi eux.

Il en est de même de l'homme dont le métier est de composer des vœux de bonheur pour les naissances ; et de l'homme dont le métier est de faire des cercueils.

Quand des événements heureux ou malheureux s'annoncent, l'homme souverainement parfait prévoit avec certitude s'ils seront heureux.

S'il y avait un homme manifestant une extrême bienveillance envers le peuple, et ne s'occupait que du bonheur de la multitude, que faudrait-il en penser ?

Certains ministres ne s'occupent uniquement que de procurer la tranquillité et le bien-être à l'État ; cette tranquillité et ce bien-être seuls les rendent heureux et satisfaits.

Le peuple n'oublie jamais les espérances de bien-être qu'il avait conçues lors de son élévation.

La nature de l'homme est droite ; si cette droiture naturelle vient à se perdre pendant la vie, on a repoussé loin de soi tout bonheur.

Si l'ordre est établi dans votre famille, votre femme et vos enfants seront heureux et satisfaits.

C'est par la réalisation des lois morales et politiques qu'on constitue une société qui parviendra à assurer la félicité publique.

Les populations purent jouir en paix, par la suite, de ce qu'ils avaient fait pour leur bonheur.

Un royaume ancien tire sa qualité non pas des vieux arbres élevés qui s'y trouvent encore, mais des générations successives d'habiles ministres qui l'ont rendu heureux et prospère.

Si vous étudiez, la félicité trouvera sa source au sein même de l'étude.

Il avait pour objectif le bonheur de son peuple et de l'humanité tout entière.

Les richesses ornent et embellissent une maison, la vertu orne et embellit une personne, et dans cet état de pure félicité, l'âme s'agrandit, et la substance matérielle qui lui est soumise profite de même.

Se nourrir d'un peu de riz, boire de l'eau, n'avoir que son bras courbé pour appuyer sa tête, permet également d'atteindre la satisfaction.

Que ceux qui se dévouent au bonheur de l'humanité s'attendent à boire au calice de l'amertume.

Si vous êtes actif et vigilant, alors toutes vos affaires généreront d'heureux résultats.

La connaissance des lois morales et politiques qui constituent la société et doivent assurer la félicité publique est supposée être possédée par chaque individu dont se compose cette société, quel que soit leur degré de culture morale et intellectuelle.

C'est par l'accomplissement des lois éternelles que l'humanité connaîtra le bonheur.

L'homme instruit porte en lui des motifs éphémères de joie ; l'homme humain a pour lui l'éternité.

Toutes les actions d'une vie ont en nous leur principe et leur raison d'être. Si après avoir fait un retour sur soi on les trouve toujours parfaitement vraies, parfaitement conformes à notre nature, il n'y a point de satisfaction plus grande.

Celui qui donne tous ses efforts pour pratiquer ses devoirs se rapproche de ce dévouement au bonheur des hommes que l'on appelle humanité.

Si un prince se réjouit de la joie du peuple, alors le peuple se réjouira en retour pour le prince.

Celui qui soumet les hommes par la vertu, porte la joie dans les cœurs qui se livrent alors sans réserve.

Table des matières

Biographie	4
La morale	6
Le pouvoir	9
L'humanité	13
La sagesse	16
La droiture	19
L'âme	23
La perfection	26
La famille	29
Le bonheur	32